Vorwort

Liebe Leser,

ich möchte euch zu meinem zweiten Buch
„Philosophischer Zugang zur Seele" willkommen heißen.
Ich habe das Buch für alle Menschen geschrieben, die
bereit sind, sich mit ihrem Unterbewusstsein zu
konfrontieren. Es geht hierbei nur darum, seine
Persönlichkeit weiterzuentwickeln, sich ein eigenes
Mindset aufzubauen und Antworten auf die Fragen zu
finden, die unserer Seele nachts keinen Frieden lassen.
Je nach Charaktertyp (Choleriker, Sanguiniker,
Phlegmatiker und Melancholiker) werden die Texte
helfen, für sich selbst mehr Verständnis aufzubauen,
aber auch gegenüber den anderen Temperamenten
Empathie und Klarsicht zu entwickeln. Was in diesem
Buch steht, findet ihr in keinen Schulbüchern. Die Texte
basieren auf eigenen Erfahrungen. Ich habe mich die
letzten Jahre mehr als je zuvor mit meinem Körper,
Kopf, meinem Geist und meiner Seele
auseinandergesetzt. Ich war schon immer nachdenklich,
habe vieles hinterfragt und schon immer Menschen und
ihre Verhaltensweisen beobachtet. Dennoch
verallgemeinere ich hiermit nicht mein Wissen, sondern
gebe Ratschläge aus einer anderen Sicht. Dies gelingt
mir durch das Meditieren vor dem Schreiben meiner
Texte, wodurch ich mich in eine andere Perspektive
einfühlen kann. Ich will aus der Perspektive eines

„höheren Selbst" zu euch sprechen. Aus einer Perspektive, die mehr Wissen besitzt als ich. Einer Perspektive, die mehr erlebt hat als ich. Und einer Perspektive, die keine Scheu hat, ihr Unterbewusstsein mit den Menschen zu teilen. Ich durfte somit während des Schreibens selbst dazulernen und Antworten auf Fragen finden, auf die ich vorher nie welche hatte.

Die Stimme meines „höheren Selbst" ist deshalb die ganze Zeit über der Protagonist in meinem Buch. Diese Stimme hat keinen Namen, kein Geschlecht oder Alter, was bedeutet, dass ihr euch selbst aussuchen könnt, wer diese Stimme in eurer Vorstellung ist.

Ich wünsche euch viel Energie und Motivation beim Lesen, bei eurem Heilungsprozess und bei eurer mentalen Verwandlung.

Inhaltsverzeichnis

Hallo lieber Leser,

wer auch immer du bist, danke fürs Zuhören. Ich möchte mich bei dir vorstellen. Na ja, sagen wir so, ich lasse mein Unterbewusstsein zu dir sprechen.
Ich vertraue dir. Du wirst im Laufe des Buches erfahren, warum ich zu dir spreche und was ich dir auf deinem Weg mitgeben will. Ich hoffe, du bist offen, von mir zu lernen. Ich habe viel erlebt und habe nur einen einzigen Wunsch und den werde ich dir verraten. Am Ende. Bis dahin …

Ängste

Stell dir vor, mein Unterbewusstsein wäre ein *Glas Wasser*.

Ganz unten im Glas verbergen sich meine Ängste.

Vielleicht werden dir die Ängste, die ich dir gleich nenne, bekannt vorkommen.

Ich habe verschiedene Ängste, die mich begleiten. Ich nehme sie nicht durchgehend wahr, aber trotzdem sind sie immer präsent. Ich möchte von diesen Ängsten erlöst werden, sie nicht immer in mir haben und sie endlich akzeptieren, ohne ständig dieses unruhige Gefühl in mir zu haben. Ob es dir genauso geht? Hör mir einfach zu. Ich erzähl dir von meinen Ängsten und du antwortest, ob sie auf dich ebenfalls zutreffen oder nicht. Ich fange dann mal an.

Ich habe Angst davor, den falschen Menschen mein Herz zu schenken. Jeder Mensch in meinem Leben hat einen eigenen Platz in meinem Herzen und diesen kann nur diese Person belegen. Sollte die Person gehen, bleibt der Platz leer. Aber warum verlassen mich diese Menschen? Ich habe bisher die Fehler immer bei mir selbst gesucht. Es gibt viele Punkte, die entscheidend sind, warum Menschen recht plötzlich auf Abstand gehen. Du selbst weißt am besten, wie du mit deinen Freunden umgehst, ob du herzlich und treu bist oder sie belügst und sie zum Zweifeln bringst. Überprüfe dein Verhalten und versuche, dir deine Fehler einzugestehen. Es muss aber nicht immer an einem selbst liegen, warum man verlassen wird. Die meisten Menschen haben einfach ihre eigenen Probleme und werden somit immer eigensinniger. Oft merken sie für sich, dass sie doch nicht so ganz zu dir passen. Menschen lassen sich schnell einschüchtern von Personen, die ihnen überlegen sind. Das könnte ein Grund dafür sein, wieso sie mit ihren anderen Freunden noch abhängen, aber für dich ihre Ausreden finden. Wie gesagt, es gibt viele Gründe, die ausschlaggebend für dieses Verhalten sein können. Du wirst mit der Zeit merken, was der Grund war. Merke dir, dass wir Menschen uns an alles gewöhnen. So, wie wir uns an die Freunde gewöhnt haben, werden wir uns an den Zustand gewöhnen, an dem sie nicht mehr in unserem Leben sind.

Was ich ebenfalls im Nachhinein gelernt habe, ist, dass ich noch nie einen guten Freund oder eine gute Freundin verloren habe. Ist die Freundschaft echt, findet ihr wieder zusammen. Ist sie es nicht, nicht. Doch die Enttäuschung, dass dieser Mensch plötzlich ein ganz anderes Gesicht besitzt, verletzt mich dennoch. Von da an dauert es, um zu verstehen, dass ich die ganze Zeit über ein falsches Bild von diesem Freund hatte. Ein Freund, von dem ich dachte, er sei echt, während ich letztendlich nur die Person sah, die ich mir ganz einfach nur gewünscht hatte. Ich habe vieles geduldet, weil ich mir nie eingestehen wollte, dass das Verhalten der Person nicht zu dem Freund, den ich mir gewünscht hatte, passte. Mein Körper hatte mir die ganze Zeit

Warnungen gesendet, aber ich wollte sie nicht empfangen. Es musste erst dieser Moment kommen, der mir zeigte, dass meine Bedenken berechtigt waren. Ein Schlag ins Gesicht, obwohl es mich nicht hätte überraschen sollen.

Und da fing ich an, dieses eklige Gefühl zu fühlen. Dieses Vibrieren im ganzen Körper, nachdem man mit der Realität konfrontiert wurde.

Na ja, ich liebe es, dass wir Menschen fühlen können, stell dir mal vor, wir könnten es nicht. Das wäre schrecklich. Aber manchmal, manchmal will man es abstellen. Habe ich recht? Man lernt eine Person kennen und plötzlich realisiert man, dass diese Person eine andere ist als die, die man damals kennengelernt hat. Wir vermissen also prinzipiell nur „das alte Ich" der Person und realisieren, dass wir dieses loslassen müssen. Sich einzugestehen, dass dieser Mensch wahrscheinlich nie wieder zurückkommen wird, ist erst mal das schwerste Hindernis. Das ganze aufgebaute Vertrauen, das ich vorher zu der Person hatte, zerfällt in viele kleine Stücke, bis es ganz verschwindet.

Ich vertraue Leuten und für mich bedeutet das, dass ich auf diese Menschen zähle, egal, ob sich eines Tages unsere Wege trennen oder nicht.

Wenn ein Mensch mir sein Vertrauen schenkt, dann werde ich alles tun, um diesem Menschen nie zu schaden. Ich respektiere es, dass mir vertraut wurde. Es ist ein Geschenk, welches du niemals irgendwo kaufen könntest. Und egal, wie falsch sich diese Person gegenüber mir verhalten wird, ich werde dennoch dieses Vertrauen niemals gegen die Person verwenden. Ich möchte, dass diese Person weiß, dass sie sich immer bei mir melden kann, wenn sie Hilfe benötigt. Ich schätze das Geschenk, das ich bekommen habe. Ach, und sofern ich einmal liebe, dann richtig. Die Liebe zwischen unseren Liebsten ist echt. Pur. Wenn ich Menschen einmal in mein Herz schließe, dann immer. Und wer dich wirklich liebt, der wird dir keinen Schaden zufügen. Egal, wie zerstritten ihr seid. Es fällt mir schwer, einzugestehen, dass es Menschen gibt, die nicht so denken wie ich. Die wirklich egoistisch sind und nur liebevoll bleiben, solange sie das kriegen, was sie wollen. Und sobald ihnen irgendwas nicht passt, behandeln sie dich wie Dreck. Sie nehmen einen Schluck aus deinem *Glas* und spucken es vor deinen Augen auf den Boden. Und das ist es, wovor ich Angst habe. Ich kann mit dieser Art von Schmerz nicht umgehen. Und dann macht mein Körper Folgendes: Ich verschließe mich gegenüber neuen Menschen. Ich lasse sie mich kennenlernen, aber nur oberflächlich. Ich gebe ihnen nicht die Chance, mich tiefgründig kennenzulernen. Ich rede mir ein, dass diese Leute mich niemals so sehr lieben werden, wie ich sie liebe, und genau damit mache ich mir alles kaputt. Aber irgendwie schütze ich mich auch. Je weniger sie über mich wissen, desto weniger können sie mich enttäuschen.

Und dann sucht man weiterhin nach Menschen, die einen verstehen, die zu einem passen und einen lieben. Aber niemals wirst du jemanden finden, der zu dir passt oder dich liebt, wenn dieser Mensch dich nicht vollkommen kennt.

Er passt nur zu den Eigenschaften, die du preisgibst, aber du wirst niemals herausfinden, ob die Person deine tiefsten Ängste und Gedanken dulden und lieben kann. Du wirst dich niemals fallen lassen und der Person vertrauen können.

Aber eine Beziehung ohne Vertrauen ist wie ein *Glas ohne Wasser*. Was bringt dir ein *Glas ohne Wasser*? Du wirst immer durstig bleiben und dich nach dem Schlückchen Vertrauen sehnen. Versuche also, dich neuen Menschen gegenüber Stück für Stück wieder zu öffnen, und gib ihnen die Chance, zu beweisen, dass sie zu dir passen oder nicht. Früher oder später wird sich herausstellen, ob diese Menschen dich verstehen und dich wirklich wertschätzen.

Also gebe ich den Menschen einen Schluck aus meinem Glas und schaue, was sie damit machen.

Ich habe nicht nur Angst, dass mich Menschen verletzen könnten. Ich habe auch Angst, dass sie mich verlassen.

Vielleicht hast du auch schon einen Menschen durch den Tod verloren. Bei dir steht alles still, um dich herum bewegt sich aber alles schnell. Als würde sich die Welt ohne dich weiterdrehen. Als wäre deine Welt als einzige stehen geblieben. Als wärst du nicht anwesend. Als könntest du nichts mehr wahrnehmen außer diesen bestimmten Schmerz.

Du verdrängst jetzt sogar deine Gefühle und würdest am liebsten das Buch zuschlagen und nie wieder weiterlesen, aber bitte bleib noch. Ich muss dir noch weiter von mir erzählen.

Ich weiß, wie schwer es ist, sich bei diesem Thema zu öffnen, und du weißt es auch. Also bitte sei dir bewusst, dass ich mich gerade für dich öffne.

Ich möchte gerne darüber sprechen, wie sich mein Körper verhält, sobald ich in Verbindung mit dem Verlust gebracht werde. Zum Beispiel erinnert mich ein Bild, das Geburts- oder Sterbedatum oder Weiteres an diese Person. Und dann versuche ich, mich sofort abzulenken.

Ich rede mir ein, dass ich es verdiene, endlich darüber hinwegzukommen und glücklich zu sein, und das stimmt auch. Im Endeffekt trauere ich nicht um diese Person, sondern um mich selbst. Weil ich diesen Menschen vermisse und ihn nur noch ein einziges Mal sehen oder wenigstens seine Stimme hören möchte. Es quält mich, dass ich es nicht kann, und dadurch bemitleide ich mich selbst. Somit trauere ich nicht nur um mich, sondern auch für mich. Warum sollte ich die Person auch nicht vermissen dürfen? Der oder die Verstorbene verdient es, dass getrauert wird. So werden diese Menschen in Ehren gehalten und werden nicht vergessen.

Dieses Mal nehmen wir selbst einen Schluck aus dem Glas – und trinken auf sie, die Verstorbenen.

Tja, und eine meiner größten Ängste wäre dann das Sterben.

Ich habe panische Angst vor dem Tod.

Jedes Mal, wenn ich vor einer Wahl stehe, rede ich mir ein: „Scheiß drauf, du stirbst sowieso."

Und wenn ich es zulasse, stürze ich wieder in dieses Loch. Ich werde panisch und will mir nicht eingestehen, dass es mich jeden Moment einholen kann und ich nicht mal weiß, wann es genau sein wird. Mir ist es sogar gerade unangenehm, darüber zu schreiben.

Diese Unwissenheit macht mich verrückt. Ich schaffe mir Platz für den Glauben. Ich glaube an Höheres und dass wir später alle wieder zusammenfinden. Jeder definiert Gott anders. Für mich bedeutet Gott Freiheit und Liebe. Ich schränke mich nicht in diesem Leben ein. Ich bin frei, ich treffe frei meine Entscheidungen und keiner darf über diese urteilen, weil es mein Leben ist und meine Freiheit. Und das schaffe ich auch als lieber Mensch. Ich muss keinen aus Wut töten, um mich frei zu fühlen. Ich nehme keinem seine Freiheit weg, ich komme jedem mit Liebe entgegen und das nicht, weil ich an Gott glaube und in den Himmel möchte, sondern weil ich ganz einfach ein Mensch bin und die Fähigkeit habe zu lieben. Das ist bedingungslos. Dafür will ich keine Belohnung. Ich bin liebevoll, weil ich es sein kann. Ich kann diese Welt als guter Mensch oder als schlechter Mensch verlassen. Ich entscheide, was ich hier hinterlasse. Wenn ich jetzt etwas Wasser auf Beton schütte, wird es trocknen, verschwinden und man wird nichts davon sehen.

Also nehme ich lieber etwas aus dem Glas und schütte es über eine vertrocknete Blume, vielleicht schafft sie es, wieder zu blühen.

Vertrauen

Natürlich besteht mein Unterbewusstsein nicht nur aus Ängsten. Es besteht ebenfalls aus Liebe. Keinem wird beigebracht, wie Liebe wirklich funktioniert. Viele versuchen, dir zu beschreiben, wie wahre Liebe wirklich auszusehen hat. Du darfst dich während deiner Beziehung nicht mit dem anderen Geschlecht treffen, du sollst deinem Partner nicht nur am Valentinstag Geschenke machen, du musst auf eigene Wünsche verzichten, wenn dein Partner sonst unzufrieden wäre und und und.

Lauter Regeln, dir die Beziehung schwer machen. Möglicherweise redest du dir ein, glücklich zu sein. Doch, kommt dir das Verhalten normal vor, wenn ich es so beschreibe?

Wenn ja, dann mag ich dir eine Sache ans Herz legen. Liebe ist bedingungslos. Hör auf, dir vorzuschreiben, was du tun darfst und was nicht. Hör auf, ein bestimmtes Bild von „Liebe" zu erzwingen, denn das gibt es nicht. Liebe muss nicht so oder so sein. Liebe muss gar nichts. Es reicht aus zu lieben. Einfach nur lieben. Mehr nicht.

Ich hatte bereits erwähnt, wie wichtig Vertrauen ist. Vertrauen ist die Grundlage oder der Schlüssel. Ohne Vertrauen läuft nichts.

Natürlich musst du deinen Partner lieben, um vertrauen zu können.

Aber um deinen Partner zu lieben, musst du vertrauen.

Die meisten versuchen im Alltag ganz krampfhaft, ihren Partner daran zu hindern, dass er sie betrügt. Aber wozu denn?

Wieso versucht man, dem Partner das Betreten eines Clubs zu verbieten? Wenn er dich betrügen will, wird er es auch in der Eisdiele tun. Oder im Park oder sonst irgendwo. Und warum will man das verhindern? Was hält mich an dieser Person fest, wenn meine Liebe nicht ausreichend dafür ist, mich nicht durch fremde Küsse ersetzen zu wollen? Ich gebe dir einen Rat. Gib deinem Partner seine Freiheiten. Wir verdienen es, frei zu sein. Wir sind eigenständige Personen und in einer Beziehung sollte man sich nicht gegenseitig unter Druck setzen.

Du hast trotzdem selbst die Wahl und kannst zusammen mit deinem Partner entscheiden, wie sich die Beziehung anfühlen soll. Aber denk daran. Wenn dein Partner dich liebt, wird er dich nicht betrügen. Und wenn dein Partner dir nicht vertrauen kann, wird dir das Misstrauen zum Verhängnis werden. Früher oder später.

Ich gebe meinem Partner mein Glas Wasser, er wird aber nur daraus trinken, wenn er mir trauen kann.

Vertrauen darf man nicht mit Leichtsinnigkeit verwechseln. Unsere Instinkte verraten uns meistens die Wahrheit.

Das heißt nicht, dass du paranoid werden sollst, wenn dir ein Gedanke in den Kopf schießt.

Unser Kopf trickst uns meistens aus. Er flüstert uns Gedanken zu, die wir gar nicht denken wollen. Dennoch führen wir diese weiter. Manchmal führen wir sie so lange weiter, bis wir anfangen, an diese zu glauben. Auf Dauer wirst du damit niemandem mehr schaden als dir selbst.

Wir Menschen treffen oftmals voreilige Entscheidungen, die wir meistens im Nachhinein bereuen.

So weit soll es nicht kommen.

Unsere Instinkte sollen uns nicht zum Verhängnis werden. Sie sind da, um uns zu schützen, wenn es Gefahren gibt.

Wenn ich irgendwann nur noch negative Signale bekomme, wird es Zeit, zu hinterfragen, woran das liegen kann.

Hierbei muss ich herausfinden, ob das Problem an mir liegt oder an dieser anderen Person.

Es bringt mich kein Mensch im Leben weiter, bei dem ich mich nicht sicher fühle. Ich muss nur aufpassen, dass die richtigen Menschen bei mir bleiben und die falschen aussortiert werden.

Wenn du dein Wasser einmal filterst, wirst du kein anderes mehr trinken wollen.

Eben hatte ich schon erwähnt, wie unser Kopf uns manchmal austrickst.

Im Kopf fängt alles an und er, unser Kopf, übernimmt die volle Kontrolle über den gesamten Körper.

Ich gebe dir ein Beispiel dafür.

Du joggst seit ungefähr zwei Minuten und dein Kopf sagt dir wieder, dass du nicht mehr kannst und deine Kraft am Ende sei.

Du fängst an, darauf zu hören, und machst eine Pause, obwohl dein Körper noch viel länger durchhalten würde.

Du würdest nicht sterben, wenn du weiter joggen würdest. Versuche, nicht auf die Stimme in deinem Kopf zu hören und zu vertrauen. Keiner trickst dich mehr aus als diese Stimme, die täglich in deinem Kopf spricht.

Sie baut Gedanken aus und du fängst sofort an, diese zu glauben. Das solltest du versuchen zu ändern.

Probier es einfach mal aus.

Gehe joggen und versuche, nicht aufzuhören, wenn dir deine Stimme sagt, du sollst es tun. Ich bin mir sicher, du wirst länger durchhalten, als deine Stimme es dir erlaubt

Tja, und selbst wenn mein Kopf mir sagt, dass ich keinen Durst habe, braucht mein Körper Wasser. Also nehme ich auch hier mein Glas und trinke daraus.

Emotionen

Ein großer Bestandteil meines Unterbewusstseins ist das Glücklichsein.

Wenn ich weiß, dass glücklich sein eine Entscheidung ist, kann ich darüber bestimmen, wann ich glücklich sein möchte. Und das geht von einer Sekunde zur nächsten. Das ist wirklich möglich. Nur gibt es ein kleines Hindernis. Und das ist das Traurigsein.

Unser Körper neigt dazu, eher deprimiert zu sein. Vielleicht hast du das schon mal an dir oder anderen Menschen beobachtet.

Bevor wir über das Glücklichsein reden, müssen wir kurz noch über das Traurigsein sprechen.

Die Trauer steckt nämlich genauso in unserem Unterbewusstsein mit drin.

Bis heute machen Menschen ein Drama daraus, wenn sie jemanden weinen sehen. Für mich macht es keinen großen Unterschied, ob du lachst oder weinst.

Das sind beides Emotionen, die dein Körper ausschütten muss. Also lass ich dich weinen, wenn du weinen musst.

Dein Körper möchte die Dinge verarbeiten, also solltest du sie nicht vor dir verstecken. Es gibt keinen Grund, weshalb du nicht weinen dürfen solltest. Es fühlt sich falsch an, weil dir bisher immer das Gefühl so vermittelt wurde, aber davon musst du dich lösen, wenn du irgendwann wieder glücklich sein möchtest.

Schon als Kind haben wir gelernt, leise vor uns hin zu weinen, unsere Emotionen zu unterdrücken oder sie vor anderen zu verstecken. Hauptsache keiner kriegt mit, wie wir uns fühlen. Bei Jugendlichen ist das nicht anders. Vor allem die männlichen Personen haben es ab der Jugend schwer. Da bist du „schwach", wenn du nur einmal weinst. Ich entschuldige mich im Namen aller Menschen für dieses Verhalten gegenüber Männern, die bis heute noch für ihre Emotionen verurteilt werden. Sie sehen es als Pflicht an, hart zu bleiben und nicht offen mit ihren Gefühlen umzugehen. Und die Frauen beschweren sich dann, wenn die Männer nicht empathisch genug sind. Im Erwachsenenalter werden die Leute dann ein wenig weicher. Jedoch immer noch mit diesem Schamgefühl.

Interessant ist immer wieder, wie Menschen an Tieren beobachten können, wenn diese traurig werden, und es da als komplett selbstverständlich ansehen, ihnen auch ihren Raum zu geben, diese Trauer zu verspüren. Haustierbesitzer wissen auch, dass ihre Haustiere es merken oder spüren, wenn das Herrchen oder Frauchen traurig ist. Plötzlich verhalten sich die Tiere ruhig, werden empathisch und zeigen Zuneigung und Akzeptanz für diese kurze Stille, in der man einfach nur mal traurig sein darf.

Bei allen Lebewesen klappt das. Außer bei den Menschen.

Lass deinen Körper traurige Momente verarbeiten und verdränge sie nicht. Irgendwann läuft nämlich dein Glas über und dadurch machst du dir nur noch mehr Arbeit.

Normalisiere es, traurig sein zu dürfen.

Du musst dich für deine Gefühle nicht schämen.

Zu viele Menschen verspüren, wenn sie kurz vor dem Weinen sind, ein Gefühl von Peinlichkeit. Sie wollen nicht vor anderen weinen, weil es ihnen unangenehm ist.

Sie haben Angst, danach nicht mehr ernst genommen zu werden, obwohl sie eigentlich, genau weil sie weinen, ernst genommen werden sollten. Es zeigt nur, dass die Person in der Situation an einen Punkt gekommen ist, an dem alles raus muss. Der Körper sagt: „Bis hierhin und nicht weiter:"

In dem Moment, in dem ein Mensch seine Gefühle zeigt, gibt es keinen Grund, diesen zu kritisieren.

Traurig zu sein, ist okay und wird immer zu unserem Leben dazugehören.

Man sollte es akzeptieren und nicht verabscheuen.

Wer das Trauern verabscheut, beleidigt seinen Körper.

Unser Körper ist es nämlich, der uns Tag für Tag trägt, und wenn unser Körper lachen muss, darf er lachen, und wenn er weinen will, darf er auch weinen.

Kennst du die Tage, an denen du einfach traurig bist und nicht weißt, woher das Gefühl kommt? Es gibt eigentlich überhaupt keinen Grund zur Trauer, aber du kannst dich von diesem Gefühl einfach nicht lösen?

Genau das passiert nämlich, wenn du deine Tränen unterdrückst.

Das ist eine Art „Nachfolge".

Wenn du traurig bist, ohne zu wissen, wieso, dann ist es, weil du irgendwann in deinem Leben (das kann auch zehn Jahre her sein) traurig warst und deine Emotionen unterdrückt hast. Ergreife einfach die Chance, wenn diese „Nachfolge" kommt, um die Gefühle dann zu verarbeiten. Du musst nicht wissen, was der Grund damals war. Das Einzige, was du tun musst, ist alles zuzulassen. Dein Körper weiß den Grund und das reicht aus, um es im Nachhinein verarbeiten zu können. Das ist wichtig für dich.

Der Körper muss sich schließlich reinigen.

*Man trinkt auch nicht immer aus demselben Glas. Wir
bevorzugen es, wenn das Glas vorher gereinigt wurde.
Erst danach wagen wir es, daraus zu trinken.*

Glücklichsein

Jetzt kommen wir zu einem äußerst wichtigen Hinweis. Wenn du die vorherigen Seiten rund um die Trauer aufmerksam gelesen hast und bereit bist, die Tipps umzusetzen, kannst du hier weiterlesen.
Ich möchte, dass du lernst, glücklich zu werden, aber nicht nur für kurze Momente. Etwa 99 Prozent deiner kommenden Lebenszeit sollen damit abgedeckt werden. 100 Prozent sind unrealistisch. Wir brauchen dieses letzte Prozent für Trauer, Wut und Angst. Weil wir unsere Menschlichkeit nicht auslöschen können, sondern fühlen müssen und wollen. Es liegt ganz an dir, ob du bereit bist, diesen Schritt zu wagen.
Alle reden immer davon, dass sie endlich glücklich werden wollen, aber im Grunde wollen sie es gar nicht. Der Körper ist süchtig danach, Trauer zu verspüren. Wir lieben es, uns selbst zu bemitleiden, und unser Kopf redet uns ein, dass wir keine Kontrolle darüber haben, wie wir fühlen wollen. Aber genau das ist der Schalter, den wir umlegen müssen, wenn wir kontrollieren wollen, wann wir glücklich sein möchten.
Irgendwo in deinem Kopf befindet sich dieser Schalter. Du musst ihn finden und umschalten.
Das funktioniert, indem du dir bewusst machst, dass das Glücklichsein wirklich eine Entscheidung ist.
Ich möchte dir klarmachen, dass du dir jetzt sagen sollst, dass du glücklich sein kannst.

Du kannst abwägen, was für dich relevant ist und was nicht wirklich relevant ist. Und so wirst du ganz leicht andere Prioritäten setzen. Priorität Nummer eins sollte sein, so oft wie möglich glücklich zu sein.

Du machst niemandem außer dir selbst das Leben kaputt, wenn du dich langfristig über Dinge aufregst oder Momenten hinterherweinst, die schon lange nicht mehr gegenwärtig sind. So kommst du nicht voran.

Das ist so, als würde sich dein Glas Wasser immer von Neuem auffüllen, obwohl du es endlich leer trinken willst.

Während du dir den Kopf darüber zerbrichst, dass dir nicht genug Leute zum Geburtstag gratuliert haben, dein Ladekabel kaputt gegangen ist oder du in der Bahn keinen Sitzplatz bekommen hast, gibt es Menschen, die ihre Geschwister, ihre Eltern oder ihre Kinder verloren haben. Verstehst du?

Es geht immer schlechter. Neue Prioritäten zu setzen, lernst du, wenn du selbst in so eine Situation kommst. Plötzlich ist es dir egal, was um dich herum passiert – es gibt schließlich Wichtigeres.

Man darf sich aufregen oder traurig sein. Aber du kannst entscheiden für wie lange.

Man kann sich klarmachen, dass das, was einem gerade passiert ist, gar nicht so tragisch ist beziehungsweise es noch viel schlimmer geht. Wozu also traurig sein, wenn man froh darüber sein kann, dass es einen nicht noch schlimmer trifft?

Am Anfang muss man sich immer selbst daran erinnern, dass man auch einfach glücklich sein kann.

Irgendwann geht das von ganz alleine.

Dich werden Kleinigkeiten einfach nicht mehr interessieren, also wirst du deinen Fokus ganz anders setzen und immer glücklicher werden.

Du wirst spüren, dass du viel mehr Energie hast als sonst. Stück für Stück wirst du motivierter für den Tag sein und deine komplette Lebenseinstellung wird sich bessern. Plötzlich fühlt sich das Leben bunter an und danach wirst du streben. In jeder Hinsicht möchtest du positive Ereignisse sammeln. Negatives vergisst du.

Teil dir deine Energie gut ein.
Dein Wasser trinkst du ja auch nicht ohne Pausen.

Um glücklich zu sein, musst du dich, wie du siehst, mit dir selbst beschäftigen.

Du musst auch mit dir selbst glücklich und zufrieden sein.

Wenn dich also etwas an dir stört, gibt es zwei Dinge, die du tun kannst. Was dazwischen gibt es nicht.

Entweder du lernst, genau das, was dich stört, zu lieben, oder du änderst es.

Und da ist es egal, ob es sich um dein Aussehen oder deine Persönlichkeit handelt. Was dich stört, wird dir immer im Weg stehen und dich daran hindern, glücklich zu werden.

Allein darauf hinzuarbeiten, das Problem zu beheben und deiner Unsicherheit in deinem Alltag, keine Chance mehr zu geben, sich zu melden, wird dich glücklich machen. Bis du irgendwann an den Punkt kommst, an dem du zufrieden mit dir bist. Fang an, erst mal mehr von dir selbst zu erwarten, bevor du etwas von anderen Leuten verlangst.

Hast du schon einmal gehört, wie jemand gesagt hat, er würde sich wünschen, eine Person wie sich selbst zu treffen?

Das klingt im ersten Moment immer eingebildet, aber es ist schlussendlich gar nicht verkehrt. Man darf nicht mehr verlangen, als man selbst geben kann. Du kannst Leuten nicht nicht mal ein *Glas Wasser* anbieten und im nächsten Moment aber eine ganze Flasche verlangen! Ich sage dir: Sei die Person, die du von anderen Leuten verlangst zu sein.

Wenn du Loyalität erwartest, sei loyal.
Wenn du Aufmerksamkeit erwartest, sei aufmerksam.
Wenn du Freundlichkeit erwartest, sei freundlich.
Von nichts kommt nichts.
Wenn du ein Lügner bist, darfst du dich nicht darüber
aufregen, wenn du selbst belogen wirst.

Deine Taten spiegeln die Taten deines Gegenübers wider. Das Wasser, welches er dir gibt, ist dasselbe Wasser, das du ihm gestern angeboten hast. Würdest du es trinken?

Innere Heilung

„Du bist hässlich, selbstsüchtig, asozial, dumm und langweilig."

Vielleicht hast du eines dieser Wörter oder sogar alle schon mal zu hören bekommen. Wenn du dich gerade im Moment an eine bestimmte Situation erinnern kannst, zeigt das, dass dich diese Worte getroffen haben. Vielleicht kamen sie von einem besonderen Menschen. Vielleicht aber auch von einem Fremden. Im Endeffekt spielt das keine Rolle. Die Person hat es gesagt und dein Körper hat es empfangen. Irgendwo in deinem Unterbewusstsein stauen sich viele Worte und Sätze an, die dich getroffen haben, und ich möchte, dass du diese Beleidigungen Stück für Stück wieder gehen lässt.
Ich möchte, dass du verstehst, dass alles, was Menschen zu dir sagen, zuerst mit ihnen selbst zu tun hat.
Es ist deren eigenes Empfinden. Sie verbinden mit diesen Worten ganz andere Dinge als du. Vielleicht bezeichnen sie dich für eine Tat als dumm, du selbst würdest jemand anders für die gleiche Tat aber niemals als dumm bezeichnen. Verstehst du, was ich sagen möchte? Die Person findet dies oder das dumm. Du aber nicht. Jetzt frage ich dich: Bist du dumm? Oder hat die andere Person einfach nur eine ganz andere Denkweise als du selbst? Ist das jetzt dein Problem? Nein. Die Person muss sich damit beschäftigen, wieso

sie dies oder das dumm findet. Also ist es nicht dein Problem. Du musst dir über nichts den Kopf zerbrechen. Wenn du das lernst, wirst du dir nie wieder eine Beleidigung zu Herzen nehmen. Wieso auch, wenn dich dieses Empfinden anderer Menschen gar nicht betrifft. Als Kind hat man gesagt: „Was man sagt, ist man selber." Als Kind wusstest du das alles schon, es ist nur verloren gegangen, weil du angefangen hast, an dir zu zweifeln, und das nur, weil die Gesellschaft das Bild eines perfekten Menschen verallgemeinert hat. Dabei sollten wir uns eingestehen, dass wir Menschen nicht gleich sind und wir verschiedene Ansichten haben und wir nicht so leben müssen, dass andere mit uns zufrieden sind, sondern so leben dürfen, wie wir mit uns selbst zufrieden sein können. Man sollte sich also nur dann angegriffen fühlen, wenn man merkt, dass das, was die Person über einen sagt, konstruktiv gemeint ist. Ab diesem Zeitpunkt kann ich mich reflektieren und dann bessern.

Wenn ich aber hinter meinen Taten stehen kann, muss ich mich nicht angegriffen fühlen, wenn Menschen eine andere Meinung haben als ich..

Menschen dürfen dir ihre Meinung mitteilen, du musst sie aber nicht persönlich nehmen, weil diese Meinung nicht immer etwas mit deiner Person zu tun hat.

Und das Ganze kann man auch umdrehen. Dein eigenes Empfinden hat auch mit dir selbst etwas zu tun. Also wenn du das nächste Mal jemanden beleidigst, sei dir darüber bewusst, weshalb du so empfindest und woher dieses Empfinden überhaupt kommt.

Wir müssen unser Glas nicht mit jedem teilen. Jeder Mensch hat sein eigenes.

Du befindest dich gerade auf dem besten Weg, dein Mindset zu erweitern und deinen Geist weiterzuentwickeln. Was man immer verstärken oder erweitern kann, ist sein Selbstwertgefühl. Besitzt du eins? Beantworte die Frage, bevor du weiterliest. Wenn du keins besitzt, werden wir es gemeinsam wieder herstellen. Werfen wir einen kurzen Blick auf deine Vergangenheit. Wenn du in deiner Vergangenheit schlecht behandelt wurdest, besteht eine sehr hohe Wahrscheinlichkeit, dass dein Selbstwertgefühl dadurch verloren gegangen ist. Das hast du hauptsächlich den Leuten zu verdanken, die du am meisten liebst.

Das mag jetzt bösartig klingen, aber es stimmt. Es kann auch an dir selbst liegen, aber dazu kommen wir erst später. Ich meine, es geht ansonsten um deine Freunde, deine Geschwister, solltest du welche haben, deine (ehemaligen) Beziehungspartner oder sogar um deine Eltern. Diese Menschen geben einem das Gefühl von Liebe. Man hat zu jedem Einzelnen eine eigene, ganz besondere Bindung, und zack, so schnell ist man „blind vor Liebe". Alles, was sie dir antun, versuchst du zu verstehen und zu akzeptieren. Du denkst, weil sie es sind, dürfen sie sich das erlauben. Es entsteht eine Art Hass-Liebe. Man liebt die Person, aber hasst ihre Taten. Aber jemand, der dich wirklich liebt, schlägt dich nicht oder macht dich nicht psychisch fertig. Sie rechtfertigen es, aber immer mit derselben Ausrede. „Würde ich dich nicht lieben, würde ich das nicht tun." Jetzt stell ich dir eine Frage. Würdest du der Person das Gleiche antun? Nein? Warum denn nicht? Richtig, weil du sie liebst. Wieso solltest du jemanden verletzen, den du liebst? Und wieso glaubst du dann, dass die Person dies oder das getan hat aus Liebe zu dir? Du würdest dir selbst die Ausrede niemals abkaufen, glaubst der anderen Person aber sofort. Und das nicht aus Naivität, sondern weil es dir leichter fällt. Es tut nicht mehr so weh, also redest du dir ein, dass die Person, die du so liebst, keine Schuld trägt. Du suchst lieber bei dir selbst die Fehler, anstatt dir klarzumachen, dass du nicht wirklich geliebt wirst. Ein Besitzer, der sein Haustier liebt, quält es nicht. Das ist eine eindeutige Sache. Es gibt keine Ausreden. Warum werden dann aber bei Menschen Ausnahmen gemacht?

Ihm oder ihr rutscht die Hand nicht nur einmal aus und du verzeihst es trotzdem.

Man verzeiht, weil diese Menschen im nächsten Moment wieder lieb zu einem sind. Es geht nicht darum, dass man nicht verzeihen darf. Es geht darum, dass man sich irgendwann wertlos fühlt und sich einredet, man hätte das alles verdient.

Ohne auch nur ein Beispiel genannt zu haben, denkst du an bestimmte Situationen, die vorgekommen sind. Mach dir jetzt klar, dass du das, was damals passiert ist, nicht verdient hast und nichts diese Taten rechtfertigen kann.

Von da an kannst du alles auf die Gegenwart übertragen. Es gibt genug Menschen, die dich wertschätzen, also gib dich nicht mit weniger zufrieden. Du musst nicht auf Leute zählen, die es nicht mal hinbekommen, dich menschlich zu behandeln. Du musst nichts auf dir sitzen lassen. Mach das den Leuten klar, schau nach vorne und denk an die Leute, die sich für dich jedes Mal aufs Neue die Mühe machen würden, weil sie dich nicht als selbstverständlich ansehen. Nur mit solchen Leuten kommt man voran.

Wer kann dir das Wasser reichen?

Selbstfindung

Ich finde es sehr bewundernswert, dass du es bis hierhin geschafft hast. Gerade auf den letzten Seiten wurdest du mit dir selbst konfrontiert und das ist vielleicht hart, aber definitiv das Beste, was dir passieren kann. Wir wollen dem Ganzen nicht aus dem Weg gehen, deswegen machen wir genau damit weiter. Dieses Mal geht es um Selbstfindung. Wenn die letzten Seiten zu viel für dich waren, dann nimm dir ruhig eine kleine Pause. Jeder Mensch geht anders mit Konfrontationen um. Man muss sie erst einmal realisieren und das muss keine Eile haben.

Wenn du so weit bist, kannst du hier einsteigen, jetzt geht es nämlich weiter.
Menschen wollen immer wissen, wer sie sind oder sein wollen. Hast du denn überhaupt eine Persönlichkeit? Wer bist du und wer versuchst du zu sein?
Vorher hatte ich dir gesagt, dass andere Leute dein Selbstwertgefühl zerstört haben könnten. Wie gehst du mit dir selbst um? Du selbst kannst auch schuld daran sein, ein geringes Selbstwertgefühl zu haben. Das ist der Fall, wenn du dich beispielsweise ständig mit anderen Leuten vergleichst und versuchst, wie sie zu werden. Inspirationen sind gut, aber du solltest dir nicht als Ziel setzen, wie diese Menschen zu sein, sondern besser. Nicht besser für andere, sondern besser für dich. Für dich persönlich. Du willst doch keine Kopie

sein, sondern du willst dich finden. Also in erster Linie solltest du aufhören, dich mit anderen zu vergleichen, und eher herausfinden, wo du stehen willst. Für dich sollte es viel spannender sein, zu wissen, wie du bestmöglich an dich selbst herankommst.

Versuch mal zu beschreiben, wer du auf keinen Fall bist. Welche Eigenschaften hast du nicht? Das fällt dir viel leichter zu beantworten. Zu wissen, wer du nicht bist, kann für dich viel ausschlaggebender sein. Manchmal tun wir Dinge, die wir im Nachhinein bereuen, oder uns später selbst fragen, wieso wir diese getan haben. Das passiert aus dem Grund, weil wir viele Dinge unbewusst tun. Wir wissen aber immer ganz genau, was wir nicht tun. Auch wenn wir es uns nicht eingestehen wollen. Was ich mache, ist oft unbewusst. Was ich aber nicht mache, ist bewusst. Sehr bedacht. Also weiß ich im Prinzip, wer ich bin, wenn ich weiß, wer ich nicht bin. Wichtig ist nur, dass du Entscheidungen für dich selbst triffst und nicht für andere. Sonst ist wieder deine eigene Meinung beeinträchtigt. Bei jeder Entscheidung im Leben, egal wie groß oder klein sie ist, musst du für dich entscheiden. Hab keine Angst davor, was X oder Y darüber denken könnte. Es ist nicht deren Angelegenheit, du triffst Entscheidungen niemals für andere. Andere werden nämlich nicht immer hinter deiner Entscheidung stehen. Und wenn du selbst nicht dahinterstehen kannst, hast du sowieso schon verloren. Entscheide einzig und allein nur für dich.

Schaffe dir einen eigenen Kopf an. Das ist für deine Selbstfindung mit am wichtigsten.
Befreie dich von Meinungsbeeinflussungen. Egal, ob es Meinungen deiner Freunde, Lehrer, Eltern oder die der Medien sind. Mache dir immer dein eigenes Bild und sei selbst klug.

Dein Glas ist noch lange nicht leer, nur weil das irgendjemand behauptet. Schau doch einfach selbst nach.

Um deine Persönlichkeit noch stärker
weiterzuentwickeln, gehört das Verzeihen dazu.

Du musst lernen, Menschen zu verzeihen, damit du mit
negativen Erinnerungen abschließen kannst. Es wird dir
nichts bringen, für immer böse auf einen Menschen zu
sein. Menschen entwickeln sich immer weiter und lernen
neu dazu. In vielen vergangenen Situationen würden sie
heutzutage gar nicht mehr so handeln. Dieser Mensch,
der dir damals geschadet hat, existiert heutzutage
wahrscheinlich gar nicht mehr in ein und demselben
Zustand. Auch andere Leute verändern ihre Denkweise,
werden emphatischer und bereuen ihre Taten. Vielleicht
ist dir auch heute noch jemand böse, weil du in der
Grundschule einmal laut die Lösung gesagt hast,
obwohl alle anderen den Finger in die Höhe gestreckt
haben und auch die Antwort wussten.
Vielleicht hast du auch ein Kind mal gehauen, weil es
deinen Radiergummi kurz benutzt hat. Stell dir vor, das
Kind wäre dir bis heute noch böse. Wäre das fair?
Würdest du heute noch immer gleich reagieren?
Wahrscheinlich nicht. Löse dich von diesen
Erinnerungen, du musst mit diesen Menschen nichts
mehr zu tun haben, sie können dir völlig egal sein.
Jedoch wird es dir viel besser gehen, wenn du für diese
Leute heute nichts empfindest, anstatt Ärger zu
empfinden. Probier es aus.
Du wirst dir einen Gefallen tun. Dein Leben wird um
einiges einfacher werden. Vertrau mir. Und wenn du das

geschafft hast, kannst du damit weitermachen, dir selbst zu verzeihen. Das ist für dich noch viel wichtiger. Bevor das geschehen kann, musst du deine „Fehler" erst mal wahrnehmen und einsehen. Viele Menschen belügen sich selbst, wenn es um ihre eigenen Fehler geht. Dabei wissen sie ganz genau, dass sie gerade im Unrecht sind. Auch damit wirst du im Leben nie vorankommen. Denk daran, du willst dich verbessern und weiterentwickeln. Mit verschlossenen Augen wird das schwer. Leicht wird es, Fehler einzugestehen, wenn man sich klarmacht, dass Fehler machen absolut menschlich ist. Menschen treffen täglich irgendwelche Entscheidungen, die sich im Nachhinein falsch anfühlen. Plötzlich wird man von einem Gefühl eingeholt, das wir unterdrücken möchten. Wir fühlen uns so schuldig, dass es schon unangenehm ist, oder manchmal werden wir sogar sauer auf uns selbst. Wir entwickeln gegenüber uns selbst eine Wut, die uns völlig berechtigt vorkommt. Wir hassen uns jahrelang für diesen einen Fehler, den wir wahrscheinlich schon bei einer Sekunde nach Geschehen niemals wieder tun würden. Und jedes Mal, wenn wir uns an diesen Moment zurückerinnern, verspüren wir dasselbe Gefühl wie damals, als das Ganze passiert ist. Als hätte man den Fehler noch mal gemacht. Du musst dir aber erlauben, diese Fehler zu machen, um für dich zu lernen, was richtig oder falsch ist. Hättest du diesen einen Fehler damals nie begangen, hättest du nie gelernt, deine Denkweise in der Hinsicht zu ändern. Es ist doch nicht schlecht, dass du einen Fehler gemacht hast.

Es ist schlecht, wenn du diesen nicht einsehen kannst. Ansonsten ist es menschlich und vollkommen in Ordnung, dass du auch mal voreilig gehandelt hast. Dafür darf dir keiner ein Leben lang böse sein. Schon gar nicht du selbst.

Wenn du dein Wasser verschüttest, wisch es weg.
Danach kannst du es besser machen.

Emotionale Intelligenz

Hast du einmal reflektiert oder für dich wahrgenommen, wie du mit anderen Menschen umgehst? Was an deinem Umgang bewunderst du am meisten? Und was gefällt dir, ehrlich gesagt, nicht so sehr?
Hast du dich mal dabei erwischt, wie du andere Menschen für deine eigenen Interessen ausnutzt? Hast du die Person im Nachhinein einfach fallen gelassen und damit meine ich, so behandelt, als hätte die Person nie eine Rolle in deinem Leben gespielt? Hast du schon mal jemanden betrogen, egal in welcher Form? Unabhängig davon, ob du gläubig bist oder nicht, reißt du in solchen Momenten die Menschen an dich, als würden sie in dem kleinen Augenblick dir gehören. Bist du gläubig, gehst du höchstwahrscheinlich davon aus, dass dieser Mensch ein Geschöpf Gottes ist. Wenn du nicht gläubig bist, ist es eben der Sohn oder die Tochter von jemandem. Hast du es trotzdem geschafft, die Person kurz für deine Zwecke auszuleihen, ohne ein schlechtes Gewissen zu kriegen? Dieser Mensch gehört nicht dir, aber du hast ihn dir trotzdem kurz ausgeliehen, ohne zu fragen. Das ist absurd. Und du kannst der Person nicht die Schuld dafür geben, da sie nichts von deinem Plan weiß. Sie willigt nicht ein, betrogen zu werden. Sie willigt in das ein, was du ihr versprichst, in dem Moment, in dem du, im Gegensatz zu ihr, ganz genau weißt, was deine eigentliche Absicht ist. Sobald die Person aber merkt, dass irgendetwas nicht stimmt,

und dich darauf anspricht, begibst du dich in die Opferrolle und fängst an, sie zu beschimpfen.

Ist dir bewusst, dass du die Macht hast, Menschen mit nur einem einzigen Wort zu prägen? Vielleicht bist du ab jetzt achtsamer mit deinen Worten. Unabhängig davon, ob du Spaß machst oder es ernst meinst. Ein einziges Wort kann sehr viel bei der Person ändern. Du solltest darauf verzichten, Kommentare zum Aussehen von anderen zu geben. Die Menschen wissen selbst, wie sie aussehen. Du musst ihnen nicht sagen, dass sie übergewichtig oder zu dünn sind. Es ist nicht dein Körper. Und wenn du es gut meinst, dann kannst du es besser verpacken. Wenn man helfen will, weil diese Menschen vielleicht krank sind, sollte man das Ganze anders angehen. Und wenn es der natürliche Körperbau ist, solltest du nichts sagen, außer du möchtest der Person ein Kompliment machen. Solange es gesund ist, ist es schön. Wenn du die Menschen aber so behandelst, als wären sie krank, besteht die Chance, dass sie wirklich krank werden. Ja, richtig. Du kannst Menschen krank machen. Also geh mit deinen Worten sorgfältig um.

Du kannst einem Menschen stattdessen den Tag retten, ebenfalls mit nur einem Wort. Menschen lieben Komplimente, auch wenn sie damit nicht umgehen können. Sie werden sich deine Worte merken und sich vielleicht Wochen später darüber freuen. Ebenfalls freuen sich Menschen darüber, wenn man ihnen hilft.

Wie hilfsbereit bist du? Oder wie definierst du Hilfsbereitschaft? Dir ist klar, dass du Menschen helfen kannst, aber nicht deren Therapeut spielen musst. Manche Menschen wollen keine Hilfe, manche wollen Aufmerksamkeit. Achte darauf, wie sie deine Hilfe annehmen. Wenn sie immer abblocken, wollen sie Mitleid und keine Hilfe. Jemand, der wirklich deine Hilfe braucht, wird sich über jeden Ratschlag freuen und ihn sich zu Herzen nehmen. Diesen Menschen hilft man gerne, mit Herz. Alles andere ist Zeitverschwendung. Das klingt sehr kalt, aber es ist die Wahrheit. Und egal, was du dir anhörst, trenne es von deinem Leben. Du solltest die Last anderer nicht für immer mit dir tragen und überall mit hinnehmen.

Trenne dein Arbeitsleben von deinem Privatleben. Wenn du Feierabend hast, solltest du alle Sorgen, die du auf der Arbeit hast, bei der Arbeit lassen. Und wenn du arbeiten gehst, lässt du die Sorgen deines Privatlebens zu Hause. Kommuniziere bei der Arbeit, um deine Probleme dort zu lösen. Das Gleiche gilt für dein Privatleben.

*Ein einziger Tropfen zu viel kann dein Glas zum
Überlaufen bringen. Lass es nicht so weit kommen.*

Selbstfokus

Alle Menschen sehnen sich nach der großen, wahren Liebe. Manchmal verzweifeln wir, weil wir doch noch vorhaben zu heiraten, aber den Partner nicht finden können, um dieses perfekte Bilderbuchleben zu führen. Es ist spannend, wie sich die Interessen der Menschen immer wieder verändern. Früher war alles romantischer, die Menschen haben mehr Wert darauf gelegt, ihr Date zu beeindrucken. Die Leute waren charmanter und wollten mit ihrem Auftreten punkten. Alles war tiefgründiger. Im Moment befinden wir uns unter Menschen, die oberflächlich denken. Sie holen ihr Date mit einem schicken Auto ab und wollen damit beeindrucken. Natürlich verdient es Respekt, wenn ein Mensch für sein Auto hart gearbeitet hat, aber darauf sollte nicht der Fokus liegen.
Das Aussehen hat auch damals schon eine Rolle gespielt und das ist auch in Ordnung. Die Person sollte schon etwas anziehend für dich sein. Und das funktioniert gut, wenn die Person dich auf mentaler Ebene, aber auch durch das Erscheinungsbild reizen kann.
Lass dich nicht fallen, für jemanden, der dich „gut anfassen" kann. Du kannst deinen Körper auch selbst berühren. Finde jemanden, der das berühren kann, was du nicht selbst anfassen kannst. Deine Seele oder dein Herz.

Bis es dazu kommt, kannst du dich auf dich konzentrieren, du kannst und darfst natürlich Menschen eine Chance geben, aber lass dich von deinem Ziel nie ablenken.

Apropos Ziel: Was ist eigentlich dein größter Traum? Gehst du deinem Traum nach oder nicht? Wenn nein, warum nicht? Was genau hält dich davon ab? Worauf wartest du? Wieso fängst du nicht jetzt schon an, deinem Traum näherzukommen? Ist dein Traum zu unrealistisch? Falls ja, wer behauptet oder entscheidet das? Was verunsichert dich, dass du nicht jetzt schon für deine Ziele arbeitest? Glaubst du, nicht genug Talent zu besitzen? Übung zahlt sich aus. Gibt es zu viele Leute, die besser sind als du? Wenn ja, keiner wird „besser" geboren. Wenn es ein anderer schafft, schaffst du es auch. Du musst dich nicht vergleichen. Du musst nur herausfinden, worin deine Stärken und Schwächen liegen und daran arbeiten. Von nichts kommt nichts. Steh auf und mach dir **jetzt** einen Plan, wie du vorgehen möchtest. Nimm dir ein Blatt Papier und schreibe ganz unten dein Ziel hin. Darüber schreibst du dir kleine Zwischenziele auf. Vielleicht ist dein erstes kleines Ziel „nur", allgemein motivierter zu sein. Schreibe alles auf, was du brauchst, um deinem Ziel näherzukommen, und arbeite die Liste Schritt für Schritt durch.

Mach einen Anfang. Du hast deine eigene Geschichte und du kannst andere inspirieren, so, wie du von anderen inspiriert wirst.

Sei dir deiner Macht bewusst und versuche, Geduld zu haben. Keiner wird von heute auf morgen ein Meister. Aber man kann von heute auf morgen besser werden. Und das reicht als erstes Ziel aus. Sei morgen besser als heute. Du brauchst keinen, der an dich glaubt. Du musst selbst an dich glauben. Keiner kennt dich besser als du dich selbst. Lass dir nichts einreden. Vor allem nicht von Menschen, die selbst nichts für ihre Träume geben. Nur weil sie Angst haben, musst du nicht auch Angst haben. Sei dir bewusst, dass du, je näher du deinem Ziel kommst, mehr Hass und Neid zu spüren kriegen wirst. Das kann dich kränken oder du siehst es als Anerkennung an. Die Leute werden nicht über dich reden, wenn du nichts reißt. Erst wenn du Dinge wagst, die sie sich nie trauen würden, werden sie sich von dir eingeschüchtert fühlen und es an dir rauslassen. Das ist deine Bestätigung, dass du alles richtig machst. Investiere deine Zeit nicht in Leute, die dir deine Erfolge nicht gönnen.

Nimm dir die Zeit für dich, für dein wahres Leben und nicht für dein digitales. Bleib am Boden und vergiss nie, die kleinen Dinge zu schätzen und immer dankbar für das zu sein, was du bereits haben darfst.

Manche streben nach dem gesamten Ozean, während andere sich nur ein Glas Wasser wünschen.

Freies Entscheiden

Wenn du viel hinterfragst, wirst du anfangen, weniger wie die Gesellschaft, sondern viel mehr wie du selbst zu denken. Stell dir selbst Fragen und finde selbstständig die Antworten darauf. Unsere Gesellschaft ist sehr paradox.

Wir leben in einer Welt, in der das gesamte System nicht hinterfragt werden darf. Wir wechseln Recht und Freiheit gegen „Sicherheit".

Wir widersprechen uns in den verschiedensten Bereichen. Wir verurteilen Menschen für ihre Taten, aber machen im nächsten Moment dasselbe wie sie. Du nicht? Ich wette doch. Du musst dich nur dabei erwischen.

Bei uns werden Menschen, die kiffen, erniedrigt oder als dumm abgestempelt. „Weißt du eigentlich, was mit deinem Körper passiert, wenn du das Zeug nimmst?" Oder: „Weißt du überhaupt, wo das Zeug herkommt?" Die Fragen an sich sind überhaupt nicht das Problem. Ich will Kiffen ebenfalls nicht gut reden, ich möchte nur darauf hinweisen, dass dieselben Leute wahrscheinlich auch nicht wissen, woher ihre Medikamente kommen. Oder die Pille. Oder ein Impfstoff oder sogar Lebensmittel. Es geht nur darum, dass die Menschen Dinge zu sich nehmen, ohne zu wissen, wo diese Dinge herkommen, und gleichzeitig aber andere Menschen für die gleiche Tat verurteilen.

Würden die Medien heute darüber berichten, wie gesund und toll das Kiffen sei, würden die, die bisher immer dagegen waren, aufspringen und es ausprobieren. Das ist jetzt natürlich nur ein Beispiel. Was ich meine, ist, dass die Menschen sich kein eigenes Bild machen und sich nicht informieren, sondern alles hinnehmen, was die Medien uns erzählen. Sie gehen einfach davon aus, dass es stimmt, obwohl es viele Wissenschaftler oder Ärzte gibt, die davon abraten würden. Sobald die Medien aber eine Ankündigung machen, hört man den Leuten, die sich wirklich mit dem Thema beschäftigt haben, gar nicht mehr zu. Das wäre wie, wenn ein Arzt, ein Wissenschaftler und ein Moderator eine Diskussion führen würden und alle würden dem Moderator glauben, der eigentlich nur einen Text auswendig gelernt hat. Unabhängig davon solltest du trotzdem hinterfragen, recherchieren und dir dann deine eigene Meinung bilden. Menschen haben trotzdem verschiedene Ansichten. Ärzte sind auf unterschiedliche Bereiche spezialisiert. Der eine Arzt empfiehlt dir, dich im jungen Alter zu operieren, während ein anderer Arzt dir davon abrät. Du kannst dir beide Seiten anhören, dich am besten noch informieren und dann für dich und deinen Körper entscheiden. Bei schweren Entscheidungen hat man immer Angst, einen Fehler zu machen, deswegen rate ich dir, auf die Signale, die dir dein Körper sendet, zu hören.

Versuche, dir einen klaren Kopf zu schaffen, und entscheide, was du tun willst.

Nimm einen Schluck, atme tief ein und treffe eine Entscheidung.

Hilfe

Und wenn du am Ende deiner Kräfte bist, scheu dich nicht, dir Hilfe zu holen. Hilfe holen ist nichts Verwerfliches.

Man hat Angst, andere mit seinen Problemen zu belasten. Wenn du die richtigen Leute um dich herumhast und sie sich genauso auf dich verlassen können, werden sie dir gerne helfen. Also lass dir auch helfen. Nennen wir es die „Rucksackstrategie".

Zum Beispiel sitzt auf dir eine Last, die alleine viel zu schwer zu tragen ist. Wenn dir jemand diesen Rucksack aber kurz abnehmen kann, fällt es dir viel leichter, deinen Weg weiterzugehen.

Indem du dein Leid mit anderen Leuten teilst, fühlst du dich schon gar nicht mehr so sehr damit allein gelassen. Dein Leid fühlt sich nicht mehr ganz so schwer an.

Sobald du darüber sprichst, wird das Problem zwar nicht verschwinden, aber du wirst vieles währenddessen verarbeiten. Und auch durch die Ratschläge, die du bekommst, wirst du ganz neue Ansichten erlangen, die dir helfen können, mit gewisse Situationen besser umzugehen. Wenn niemand von deinen Problemen weiß, kann dir auch niemand helfen. Also, hol dir die Hilfe, die du benötigst.

Du musst hierbei für dich entscheiden, ob die Hilfe von Freunden ausreicht oder ob du professionelle Unterstützung brauchst. Rede dir nur nicht ein, krank zu sein. Krank macht dich, wie besprochen, dein Kopf.

Du hast nun sehr viele Ratschläge von mir bekommen und musst diese nur noch umsetzen. Ich glaube daran, dass du das hinbekommst. Mein Glaube reicht aber nicht aus, du musst schon auch selbst daran glauben.

Nimm den letzten Schluck und mach das Glas leer.

Letzte Chance

Ich habe dir am Anfang gesagt, dass *das Glas Wasser* mein Unterbewusstsein symbolisiert.
Ich habe dir eine Tür zu meinem Unterbewusstsein geöffnet und jetzt möchte ich mit vollem Bewusstsein zu dir sprechen.
Unsere Zeit ist so kostbar und das wurde mir erst bewusst, als es zu spät war. Ich blicke zurück und erkenne, was ich alles falsch gemacht habe. Dieses Gefühl kann und will ich nicht beschreiben. Für mich ist es viel zu spät und ich kann nichts mehr daran ändern. Das Einzige, was ich tun kann, ist, dich vor dem gleichen Fehler zu bewahren. Ich habe zu dir gesprochen, weil du noch die Chance hast, dein Leben mit Klarheit zu leben. Eben, wie du es verdienst.
So, wie du das Buch schließen wirst, werde ich meine Augen schließen. Bei mir wird es das allerletzte Mal sein. Du hingegen kannst immer, wenn du zweifelst, das Buch aufschlagen und meine Worte noch einmal lesen.
Danke, dass du mir zugehört hast.
Ich wünsche dir, dass du von jetzt an dein Leben mit vollem Bewusstsein führen kannst und deine Macht richtig nutzt.

Nun ist das Wasser leer. Was übrig bleibt, ist die Hülle, das Glas.

Danksagung

Hallo,
ich, **Nesa Krasniqi**, die Autorin, möchte mich zum Abschluss nochmals persönlich melden. Wenn ich etwas gelernt habe, dann ist es, immer dankbar zu sein und alles und jeden wertzuschätzen.
Die vergangenen Jahre waren für uns alle etwas schwer. Ich möchte daher diesen Moment nutzen, um allen, die mir diese Zeit so schön und einfach wie möglich gemacht haben, zu danken.
Meine größte Persönlichkeitsentwicklung habe ich meinem Coach *Martin Leitzinger* zu verdanken. Durch ihn habe ich mir ein eigenes Mindset schaffen können. Seine Worte haben mich stark inspiriert und sind in meinem heutigen Mindset wiederzufinden.
Ein großes Dankeschön geht natürlich an meine Freunde, durch die ich mich immer wieder neu entfalten kann.
Danke an:
Donjeta, Daria, Ashley, Nazli, Elly, Aurora, Yase, Desi, Kira, Amélie, Celine, Junaj, Toysun, Rasid, Atti, Cem, Jan, Nick, Ardrian, Batu und seine Jungs.
Ein besonderes Dankeschön geht an:
Babi, Mam, Fletza, Laura, Diellza, Lavdimi und meine komplette albanische Familie, deren Namen ich nicht vollständig aufzählen werde, weil das Papier dafür nicht ausreicht.

Schlussendlich bedanke ich mich natürlich bei jedem einzelnen Leser. Ich hoffe, dass euch das Buch gefallen hat. Über ein ehrliches Feedback würde ich mich sehr freuen.

Instagram: *@nesakrnq*
*@ml_artist_management_*

Nun möchte ich mich von euch verabschieden und wünsche euch viel Spaß mit den kommenden Zitaten.

Ich küsse eure Herzen. – Nesa

Ich kenne niemanden, der alles für mich tun würde,
doch mir fallen einige ein,
für die ich alles geben würde.

-Nesa Krasniqi

Jede Stille
könnte so einiges zu sagen
haben.

-Nesa Krasniqi

Meine Träume sind viel zu wertvoll,
um sie zu verschlafen.

-Nesa Krasniqi

Nicht alle,
die du liebst,
lieben dich.

-Nesa Krasniqi

Jeder von uns
hat etwas in sich,
das darauf wartet,
geheilt zu werden.

-Nesa Krasniqi

Wir sind auf der Suche nach Frieden,
während wir gegen uns selbst kämpfen.

-Nesa Krasniqi

Du darfst nicht aufgeben,
nur weil du müde bist.

-Nesa Krasniq

Stell dich nicht gegen deine Gefühle,
indem du so tust,
als würden sie nicht existieren.

-Nesa Krasniqi

Sag die Wahrheit, auch wenn
dein Kopf flucht,
deine Stimme zittert
und dein Herz weint

-Nesa Krasniqi

Verlass dich nicht
auf die Menschheit.
Nicht mal deinem eigenen Kopf
kannst du trauen.

-Nesa Krasniqi

Die Angst belügt jeden Tag
deine Träume.

-Nesa Krasniqi

*Wenn dieser Weg
dich kaputt macht,
dreh um.*

-Nesa Krasniqi

Verhalte dich so,
dass du keine Angst vor deinem Karma
haben musst.

-Nesa Krasniqi

Auch wenn dich beides verrückt machen kann,
ist die Wahrheit besser als die Unwissenheit.

-Nesa Krasniqi

Sei ein guter Mensch.
Beweisen musst du es keinem,
außer dir selbst.

-Nesa Krasniqi

Es ist nicht gleich richtig,
nur weil es alle tun.

-Nesa Krasniqi

Sei heute besser als gestern
und
morgen besser als heute.

-Nesa Krasniqi

Obwohl jeder zu wissen scheint,
versteht niemand.

-Nesa Krasniqi

Mach deine Träume zu deinem Schicksal.

-Nesa Krasniqi

„Die Gesellschaft ist schuld daran!" – Die Gesellschaft.

-Nesa Krasniqi

Die meisten verlieren sich,
während sie auf der Suche
nach sich selbst sind.

-Nesa Krasniqi

Mach den Zeitpunkt
zum „richtigen Zeitpunkt",
warte nicht.

-Nesa Krasniqi

Wenn du Spaß daran hast,
anderen zu schaden,
wohnt das Böse bereits in dir.

-Nesa Krasniqi

Es gibt keinen Hass.
Es gibt nur den fehlenden Bezug
zur Liebe.

-Nesa Krasniqi

Deine Augen können niemals
das sehen,
was dein Herz sehen kann.

-Nesa Krasniqi

Je mehr Tage du damit verschwendest,
traurig zu sein,
desto weniger Tage bleiben dir,
um glücklich zu sein.

-Nesa Krasniqi

Wenn du den hellen Tag verpasst,
wartet eine dunkle Nacht auf dich.

-Nesa Krasniqi

Deine Mitmenschen fangen erst dann an,
an dich zu glauben,
wenn du es schon längst
allein
geschafft hast.

-Nesa Krasniqi

Man merkt schnell, wer einfach nur
einen Witz macht, und wer
nur die ganze Zeit darauf wartet,
sich über dich lustig zu machen.

-Nesa Krasniqi

Nur weil wir aufwachen,
muss unser Traum nicht gleich vorbei sein.

-Nesa Krasniqi

Impressum

Bibliografische Information der Deutschen Nationalbibliothek:
Die Deutsche Nationalbibliothek verzeichnet diese Publikation
in der Deutschen Nationalbibliografie; detaillierte
bibliografische Daten sind im Internet über dnb.dnb.de
abrufbar.

© 2023 Nesa Krasniqi
Herstellung und Verlag: BoD - Books on Demand, Norderstedt

ISBN: 978-3-7568-5806-4